# زیارتِ مدینہ

## احکام و آداب

ابو عدنان محمد منیر قمر

(عبدالعزیز بن عبداللہ بن باز کی تالیف کا اردو ترجمہ)

© Abu Adnan Mohd Muneer Qamar

**Ziyaarat-e-Madina : Ahkaam o Aadaab**

by: Abu Adnan Mohd Muneer Qamar

Edition: July '2023

Publisher & Printer:

*Taemeer Publications* (Hyderabad, India)

ISBN 978-93-5872-865-1

©ابو عدنان محمد منیر قمر

| | | |
|---|---|---|
| کتاب | : | زیارتِ مدینہ : احکام و آداب |
| مصنف | : | ابو عدنان محمد منیر قمر |
| صنف | : | مذہب |
| ناشر | : | تعمیر پبلی کیشنز (حیدرآباد، انڈیا) |
| سالِ اشاعت | : | سنہ ۲۰۲۳ء |
| تعداد | : | (پرنٹ آن ڈیمانڈ) |
| صفحات | : | ۳۴ |
| سرورق ڈیزائن | : | تعمیر ویب ڈیزائن |

# فہرست مضامین

بِسْمِ اللہِ الرَّحْمٰنِ الرَّحِیْمِ

# عرضِ مترجم

﴿ اِنَّ الْحَمْدَ لِلّٰہِ نَحْمَدُہٗ وَنَسْتَعِیْنُہٗ وَنَسْتَغْفِرُہٗ وَنَعُوْذُ بِاللّٰہِ مِنْ شُرُوْرِ اَنْفُسِنَا وَمِنْ سَیِّاٰتِ اَعْمَالِنَا مَنْ یَّہْدِہِ اللّٰہُ فَلَا مُضِلَّ لَہٗ وَمَنْ یُّضْلِلْ فَلَا ھَادِیَ لَہٗ وَ اَشْہَدُ اَنْ لَّا اِلٰہَ اِلَّا اللّٰہُ وَحْدَہٗ لَاشَرِیْکَ لَہٗ وَاَشْہَدُ اَنَّ مُحَمَّدًا عَبْدُہٗ وَرَسُوْلُہٗ ﴾

اَمَّا بَعْدُ:

قارئین کرام:            السلام علیکم ورحمۃ اللہ و برکاتہ

سماحۃ الشیخ علامہ عبدالعزیز بن باز رحمہ اللہ کسی تعارف کے محتاج نہیں، وہ عالمی شہرت کے مالک اور ہر دلعزیز شخص تھے۔ انھوں نے درجنوں کتابیں تالیف فرمائیں، جن میں سے بعض کئی کئی جلدوں پر مشتمل ہیں۔

ان کی ایک مختصر مگر جامع و مانع کتاب " التحقیق والیضاح لکثیر من مسائل الحج والعمرۃ والزیارۃ " ہے جس کا موضوع اپنے نام سے ہی ظاہر ہے۔

اس کتاب کی آخری فصل "زیارتِ مدینہ منورہ کے احکام و آداب" پر مشتمل ہے۔ جسے ہم کتاب سے الگ ایک مستقل کتابچے کی شکل میں رے ہیں، جسکے اردو ترجمہ کا شرف بھی راقم

آثم کو حاصل ہوا ہے۔

رسالے کا علمی و تحقیقی مواد اسکے مؤلّف کی طرح ہی بڑا مدلّل و ثقہ ہے اور اصل کتاب کے ساتھ کئی لوگوں کے ترجمے سے چھپ چکا ہے۔

راقم نے ترجمہ و تفہیم کے علاوہ جا بجا مختلف عنوانات یا سرخیاں لگا دی ہیں، جنکی اہمیت کو با ذوق قارئین بخوبی سمجھتے ہیں۔ اگر کہیں کسی تشریحی جملے کا اضافہ کرنا ضروری معلوم ہوا تو اسے قوسین ( ۔ ) کے مابین لکھا ہے، تا کہ مؤلّف رحمہ اللہ کی تحریر سے الگ رہے۔

اور ایک جگہ مؤلّف رحمہ اللہ نے بعض احادیث کی طرف اشارہ فرمایا تھا، انھیں دوہری قوسین (( ۔ )) کے مابین لکھ کر اسکا ترجمہ و تخریج ذکر کر دی ہے۔

اللہ تعالیٰ سے دعا ہے کہ وہ مؤلّف و مترجم کے لئے اسے دنیا و آخرت کی فوز و فلاح کا ذریعہ بنائے، دعوت و تعلیم میں مصروف اسکے ناشر ادارے کو توفیق مزید سے نوازے اور اسکے کارکنان کی مساعیٔ جمیلہ کو قبول فرمائے اور قارئین کے لئے اسے ذریعۂ ہدایت بنائے۔ اور تمام معاونین و دوست و احباب کو جزاء خیر عطا فرمائے۔ آمین۔

والسلام علیکم ورحمۃ اللہ و برکاتہ

سعودی عرب     ابو عدنان محمد منیر قمر نواب الدین

۱۹ ر جمادی الثانی ۱۴۲۲ھ     ترجمان سپریم کورٹ، الخبر ۔ 31952

۲۸ ر نومبر ۲۰۰۱ء     وداعیہ متعاون، مراکز دعوت و ارشاد

الخبر، الدمام، الظہران

بِسْمِ اللّٰهِ الرَّحْمٰنِ الرَّحِيْمِ

# زیارتِ مدینہ منورہ
## احکام و آداب

## مسجدِ نبوی کی فضیلت

اَلْحَمْدُ لِلّٰهِ وَحْدَه، وَالصَّلٰوةُ وَالسَّلَامُ عَلٰى مَنْ لَّا نَبِيَّ بَعْدَه، اَمَّا بَعْدُ:

حج سے پہلے یا بعد، مسجدِ نبوی کی زیارت کرنا مسنون ہے۔ کیونکہ صحیح بخاری و مسلم میں حضرت ابوہریرہ رضی اللہ عنہ سے مروی ہے کہ نبی اکرم ﷺ نے ارشاد فرمایا:

﴿صَلٰوةٌ فِىْ مَسْجِدِىْ هَذَا خَيْرٌ مِّنْ اَلْفِ صَلَاةٍ فِيْمَا سِوَاهُ اِلَّا الْمَسْجِدَ الْحَرَامَ﴾ (صحیح بخاری و مسلم)

''میری مسجد میں ایک نماز دوسری مساجد کی ایک ہزار نماز سے بہتر ہے، سوائے مسجدِ حرام (مکہ مکرمہ) کی نماز کے۔''

حضرت عبداللہ بن عمر رضی اللہ عنہما سے مروی ہے کہ نبی ﷺ نے ارشاد فرمایا:

﴿صَلٰوةٌ فِىْ مَسْجِدِىْ هَذَا اَفْضَلُ مِنْ اَلْفِ صَلٰوةٍ فِيْمَا سِوَاهُ اِلَّا الْمَسْجِدَ الْحَرَامَ﴾ (صحیح مسلم)

''میری اس مسجد میں ایک نماز دوسری عام مساجد کی ایک ہزار نماز سے افضل ہے، سوائے مسجد حرام (مکہ مکرمہ) کی نماز کے۔''

حضرت عبداللہ بن زبیر رضی اللہ عنہما سے مروی ارشادِ رسالت آپ ﷺ ہے:

﴿صَلٰوةٌ فِیْ مَسْجِدِیْ هٰذَا اَفْضَلُ مِنْ اَلْفِ صَلٰوةٍ فِیْمَا سِوَاهُ اِلَّا الْمَسْجِدِ الْحَرَامِ، وَصَلٰوةٌ فِی الْمَسْجِدِ الْحَرَامِ اَفْضَلُ مِنْ مِائَةِ صَلٰوةٍ فِیْ مَسْجِدِیْ هٰذَا﴾

(مسند احمد، صحیح ابن خزیمہ، صحیح ابن حبان)

''میری اس مسجد میں ایک نماز پڑھنا، دوسری عام مساجد سے ہزار گناہ افضل ہے سوائے مسجد حرام کے، اور مسجد حرام میں ایک نماز پڑھنا میری اس مسجد کی ایک سو نمازوں سے افضل ہے۔''

حضرت جابر رضی اللہ عنہ سے مروی ہے کہ نبی ﷺ نے فرمایا:

﴿صَلٰوةٌ فِیْ مَسْجِدِیْ هٰذَا اَفْضَلُ مِنْ اَلْفِ صَلٰوةٍ فِیْمَا سِوَاهُ اِلَّا الْمَسْجِدِ الْحَرَامِ، وَصَلٰوةٌ فِی الْمَسْجِدِ الْحَرَامِ اَفْضَلُ مِنْ مِائَةِ اَلْفِ صَلٰوةٍ فِیْمَا سِوَاهُ﴾

(مسند احمد، سنن ابن ماجہ)

''میری اس مسجد میں ایک نماز پڑھنا دوسری عام مساجد کی ایک ہزار نماز سے افضل ہے سوائے مسجد حرام کی نماز کے، اور مسجد حرام میں ایک نماز پڑھنا دوسری عام مساجد میں ایک لاکھ نمازوں سے بھی زیادہ افضل ہے اس معنی اور مفہوم کی دیگر احادیث بھی کثرت سے ہیں۔''

اس معنی ومفہوم کی دیگر احادیث بھی بکثرت ہیں۔

# مسجدِ نبوی کی زیارت کے آداب

**۱۔ دایاں پاؤں** : زائرین مدینہ منورہ میں سے جب کوئی شخص مسجدِ نبوی تک پہنچے تو اسکے لئے مستحب یہ ہے کہ مسجد میں داخل ہونے کے لئے پہلے دایاں پاؤں اندر رکھے۔

**۲۔ دعاء** : مسجد کے اندر داخل ہوتے وقت یہ دعاء کرے :

﴿ بِسْمِ اللهِ وَالصَّلٰوةُ وَالسَّلَامُ عَلٰى رَسُوْلِ اللهِ، اَعُوْذُ بِاللهِ الْعَظِيْمِ وَبِوَجْهِهِ الْكَرِيْمِ وَسُلْطَانِهِ الْقَدِيْمِ مِنَ الشَّيْطَانِ الرَّجِيْمِ، اَللّٰهُمَّ افْتَحْ لِىْ اَبْوَابَ رَحْمَتِكَ ﴾ ( صحیح مسلم، ابوداود، نسائی، ابن ماجہ )

''اللہ کے نام سے، درود و سلام ہو اللہ کے رسول ﷺ پر، میں عظمت والے اللہ، اسکے رخ کریم اور سلطانِ قدیم کی پناہ مانگتا ہوں، شیطان مردود سے۔ اے اللہ میرے لئے اپنی رحمتوں کے دروازے کھول دے۔''

یہ دعاء مسجدِ نبوی میں اور دیگر مساجد میں داخل ہونے کے لئے مشترک ہے۔ مسجدِ نبوی میں داخل ہونے کی کوئی مخصوص دعاء نہیں ہے۔

**۳۔ تحیۃ المسجد** : مسجد میں داخل ہوتے ہی سب سے پہلا کام یہ کریں کہ دو رکعتیں (تحیۃ المسجد) پڑھیں اور ان میں دنیا و آخرت کی بھلائیوں میں سے جو جی میں آئے، اللہ سے دعاؤں میں مانگیں۔

**۴۔ ریاض الجنّۃ** : اگر ممکن ہو تو یہ دو رکعتیں روضۂ شریفہ (ریاض الجنّۃ) میں ادا کریں، کیونکہ نبی اکرم ﷺ کا ارشاد گرامی ہے :

﴿مَا بَيْنَ بَيْتِى وَ مِنْبَرِى رَوْضَةٌ مِّنْ رِيَاضِ الْجَنَّةِ﴾

"میرے گھر اور میرے منبر کا درمیان والا قطعہ، جنت کے باغیچوں میں سے ایک باغیچہ ہے۔"

**۵ـ درود و سلام:** تحیۃ المسجد کی ان دو رکعتوں سے فارغ ہو کر نبی اکرم ﷺ کی قبر مبارک اور آپ ﷺ کے دونوں ساتھیوں حضرت ابو بکر صدیق اور حضرت عمر فاروق رضی اللہ عنہما کی قبروں کی زیارت کریں۔

i۔ پہلے نبی اکرم ﷺ کی قبر اقدس کے سامنے پورے ادب و احترام اور مکمل خاموشی کے ساتھ کھڑے ہو جائیں۔

ii۔ اب ان الفاظ میں آپ ﷺ کو سلام عرض کریں:

﴿اَلسَّلَامُ عَلَيْکَ يَا رَسُوْلَ اللّٰهِ وَ رَحْمَةُ اللّٰهِ وَبَرَکَاتُهُ﴾

"اے اللہ کے رسول ﷺ آپ پر سلامتی ہو، اللہ کی رحمت اور اسکی برکتیں نازل ہوں۔"

کیونکہ سنن ابی داؤد میں حسن درجے کی سند کے ساتھ حضرت ابو ہریرہ رضی اللہ عنہ سے مروی ہے کہ نبی اکرم ﷺ نے فرمایا ہے:

﴿مَا مِنْ اَحَدٍ يُسَلِّمُ عَلَىَّ اِلَّا رَدَّ اللّٰهُ عَلَىَّ رُوْحِىْ حَتّٰى اَرُدَّ عَلَيْهِ السَّلَامَ﴾

(ابو داؤد ۔ سند حسن)

"کوئی بھی شخص، جب مجھے سلام کرتا ہے تو اللہ تعالیٰ میری روح مجھے لوٹا دیتا ہے، تا کہ میں اسکے سلام کا جواب دے سکوں۔"

iii۔ زائرین میں سے اگر کوئی شخص نبی اکرم ﷺ کو سلام کہتے ہوئے یہ الفاظ بھی کہتا ہے تو کوئی حرج نہیں کیونکہ یہ سب آپ ﷺ کے اوصافِ حمیدہ ہی ہیں:

﴿اَلسَّلَامُ عَلَيْكَ يَا نَبِیَّ اللّٰهِ، اَلسَّلَامُ عَلَيْكَ يَا خِيَرَةً مِنْ خَلْقِهٖ، اَلسَّلَامُ عَلَيْكَ يَا سَيِّدَ الْمُرْسَلِيْنَ وَاِمَامَ الْمُتَّقِيْنَ، اَشْهَدُ اَنَّكَ قَدْ بَلَّغْتَ الرِّسَالَةَ وَاَدَّيْتَ الْاَ مَانَةَ وَ نَصَحْتَ الْاُمَّةَ وَجَاهَدْتَ فِی اللّٰهِ حَقَّ جِهَادِهٖ﴾

’’اے اللہ کے نبی ﷺ! آپ پر سلامتی ہو۔ میں گواہی دیتا ہوں کہ آپ نے تبلیغِ رسالت کا حق ادا کر دیا ہے، اس امانتِ عظمیٰ کی ادائیگی سے سبکدوش ہوئے ہیں، اپنی امت کی نصیحت و خیر خواہی کی ہے اور اللہ کے لئے جہاد کرنے کا حق ادا کر دیا ہے۔‘‘

iv۔  آپ ﷺ پر درود بھی پڑھیں، اور سلام بھی کہیں، اور آپ ﷺ کے لئے دعاء بھی کریں کیونکہ شریعت میں یہ طے ہے کہ نبی ﷺ کے لئے درود اور سلام ہر دو کو ہی اکٹھے پڑھنا مشروع ہے، تا کہ اس ارشادِ الٰہی پر عمل ہو جائے:

﴿يَا اَيُّهَا الَّذِيْنَ آمَنُوْا صَلُّوْا عَلَيْهِ وَسَلِّمُوْا تَسْلِيْماً﴾ (الاحزاب: ۵۶)

’’اے ایمان والو! آپ ﷺ پر درود و سلام پڑھو۔‘‘

۷۔  پھر حضرت ابوبکر صدیق اور حضرت عمر فاروق رضی اللہ عنہما کو سلام کہیں، ان کے لئے اللہ کی رضاء و خوشنودی کی، اور دیگر دعائیں کریں۔ حضرت عبداللہ بن عمر رضی اللہ عنہما جب نبی اکرم ﷺ اور آپ ﷺ کے دونوں ساتھیوں کو سلام کرتے تو صرف اتنا کہا کرتے تھے:

﴿اَلسَّلَامُ عَلَيْكَ يَا رَسُوْلَ اللّٰهِ، اَلسَّلَامُ عَلَيْكَ يَا اَبَابَكْرٍ، اَلسَّلَامُ عَلَيْكَ يَا اَبَتَاهُ﴾ (موطا امام مالک  مصنف ابن ابی شیبہ، مصنف سنن کبریٰ بیہقی، فضل الصلاۃ علی النبی اسماعیل قاضی)۔

’’اے اللہ کے رسول ﷺ! آپ پر سلامتی ہو، اے ابوبکر (رضی اللہ عنہ) آپ پر سلامتی ہو،

اے ابا جان (رضی اللہ عنہ) آپ پر سلامتی ہو۔ تینوں کو سلام کہتے اور چل دیتے۔''

**۶۔ عورتوں کیلئے حکم:** یہ زیارتِ قبرِ رسول ﷺ اور مقابرِ ابوبکر و عمر رضی اللہ عنہما خاص طور پر صرف مردوں کے لئے مشروع و جائز ہے۔ جہاں تک عورتوں کا تعلق ہے تو انکے زیارتِ قبور میں کہیں بھی کوئی حصہ نہیں ہے۔ کیونکہ نبی اکرم ﷺ کا ارشادِ مبارک ہے کہ:

﴿اَنَّہٗ لَعَنَ زُوَّارَاتِ الْقُبُوْرِ مِنَ النِّسَآءِ وَالْمُتَّخِذِيْنَ عَلَيْهَا الْمَسَاجِدَ وَالسُّرُجَ﴾

(ابوداؤد، ترمذی، نسائی، احمد، حاکم، طبرانی کبیر، بیہقی، طیالسی، وانظر ارواء الغلیل ۲۱۱/۳ ۔ ۲۱۳، ۲۳۲ ۔ ۲۳۳ والضعیفہ ۲۵۸ ۔ ۲۶۰)

''قبروں کی زیارتیں کرنے والی عورتوں اور قبروں پر مساجد بنانے اور ان پر چراغ جلانے والوں پر اللہ کی لعنت ہو۔''

**۷۔ زیارتِ مدینہ کس نیت سے؟:** مسجدِ نبوی میں نماز اور دعاء کی نیت سے مدینہ منورہ جانے کا قصد کرنا جائز ہے، کیونکہ یہ امور تو عام مساجد میں بھی مشروع ہیں۔ اور ان کے لئے سب (مرد و زن) کو مسجدِ نبوی کی زیارت کی اجازت ہے، جیسا کہ مذکورۃ الصدر احادیث سے پتہ چل رہا ہے۔

**۸۔ زائرین کے لئے مسنون:** زائرین کے لئے مسنون ہے کہ وہ مسجدِ نبوی میں نمازِ پنجگانہ ادا کریں، ان کے علاوہ وہاں بکثرت نوافل پڑھیں اور ذکر و دعاء کریں، کیونکہ وہاں پڑھی گئی نمازوں کے عظیم اجر و ثواب کو غنیمت سمجھتے ہوئے پا لینے کا یہی طریقہ ہے۔

**۹۔ مستحب ہے:** ان کے لئے مستحب ہے کہ بکثرت نوافل ''روضہ شریفہ'' (روضۃ الجنۃ) میں

ادا کئے جائیں، کیونکہ اسکی فضیلت کے بارے میں ایک صحیح حدیث ذکر کی جا چکی ہے، جسمیں ارشادِ نبوی ﷺ ہے:

﴿مَا بَيْنَ بَيْتِيْ وَ مِنْبَرِيْ رَوْضَةٌ مِّنْ رِيَاضِ الْجَنَّةِ﴾

’’میرے گھر اور میرے منبر کا درمیانی قطعہ، جنت کے باغیچوں میں سے ایک باغیچہ ہے۔‘‘

**۱۰۔صفِ اول کا اہتمام:** فرائض کی ادائیگی کے وقت زائرین کے لئے ضروری ہے کہ وہ ہر ممکن طریقہ سے کوشش کرکے آگے بڑھیں اور نمازیں صفِ اول میں ادا کرنے کی کوشش کریں، اگرچہ وہ قبلہ کی جانب کئے گئے اضافی حصہ میں ہی کیوں نہ ہو، کیونکہ متعدد صحیح احادیث میں نبی اکرم ﷺ نے صفِ اول میں نماز پڑھنے کی سخت تاکید اور ترغیب دلائی ہے، جیسا کہ ارشادِ نبوی ہے:

﴿لَوْ يَعْلَمُ النَّاسُ مَا فِى النِّدَاءِ وَالصَّفِّ الْاَوَّلِ ثُمَّ لَمْ يَجِدُوْا اِلَّا اَنْ يَّسْتَهِمُوْا عَلَيْهِ لَاشْتَهَمُوْا﴾ (متفق علیہ)

’’اگر لوگوں کو آذان کہنے اور صفِ اول میں نماز پڑھنے کے اجرو ثواب کا پتہ چل جائے تو وہ یہ کام کرنے کی ہر ممکن کوشش کریں، اگرچہ انھیں ان کے لئے قرعہ اندازی ہی کیوں نہ کرنی پڑے۔‘‘

آپ ﷺ نے اپنے صحابہ رضی اللہ عنھم سے مخاطب ہو کر فرمایا:

﴿تَقَدَّمُوْا فَاتَمُّوْا بِيْ وَلْيَاتَمَّ بِكُمْ مَنْ بَعْدَكُمْ، وَلَا يَزَالُ الرَّجُلُ يَتَاَخَّرُ عَنِ الصَّلٰوةِ حَتّٰى يُؤَخِّرَهُ اللّٰهُ﴾ (صحیح مسلم)

’’آگے بڑھو اور میری اقتدا کرو، اور جو پیچھے والے ہیں، وہ تمہاری اقتداء کریں۔ آدمی آہستہ آہستہ نماز (صفِ اول) سے پیچھے ہٹتا چلا جاتا ہے، حتی کہ اللہ اسے پیچھے ہی ہٹا دیتا ہے۔‘‘

اسی طرح ام المومنین حضرت عائشہ رضی اللہ عنہا سے حسن درجے کی سند سے مروی ہے کہ نبی اکرم ﷺ سے ارشاد فرمایا:

﴿لَا یَزَالُ الرَّجُلُ یَتَاَخَّرُ عَنِ الصَّفِّ الْمُقَدَّمِ حَتّٰی یُؤَخِّرَہٗ فِی النَّارِ﴾

(ابوداؤد۔ بسند حسن)

''آدمی آہستہ آہستہ آگے کی صف سے پیچھے ہٹتا چلا جاتا ہے، یہاں تک کہ اللہ اُسے مؤخر کرکے جہنم میں ڈال دیتا ہے۔''

ایسے ہی آپ ﷺ سے ثابت ہے کہ آپ ﷺ نے اپنے صحابہ کو فرمایا:

﴿اَلَا تَصُفُّوْنَ کَمَا تَصُفُّ الْمَلَآئِکَۃُ عِنْدَ رَبِّھَا؟﴾

''تم اسی طرح صف کیوں نہیں باندھتے، جیسے کہ فرشتے اللہ کے پاس باندھتے ہیں؟''

صحابہ کرام نے عرض کیا: اے اللہ کے رسول ﷺ!

﴿وَکَیْفَ تَصُفُّ الْمَلَآئِکَۃُ عِنْدَ رَبِّھَا؟﴾:

''فرشتے اللہ کے پاس کیسے صف بناتے ہیں؟''

آپ ﷺ نے فرمایا:

﴿یُتِمُّوْنَ الصُّفُوْفَ الْاُوَلَ وَ یَتَرَاصُّوْنَ فِی الصَّفِّ﴾ (صحیح مسلم)

''وہ پہلے اگلی صفیں پوری کرتے ہیں، اور صفوں میں باہم خوب جڑ مل کر کھڑے ہوتے ہیں۔''

اس معنی و مفہوم کی دیگر احادیث بھی بکثرت ہیں۔ اور یہ احادیث اضافے سے قبل اور اضافے کے بعد کی مسجدِ نبوی اور دیگر مساجد سب کے لئے عام ہیں۔

**۱۱۔ صفوں کی دائیں جانب کی فضیلت:** یہ بات بھی صحیح احادیث میں ثابت ہے کہ نبی

اکرم ﷺ کا اپنے صحابہ رضی اللہ عنہم کو صفوں کی دائیں جانب کھڑے ہونے کی ترغیب دلایا کرتے تھے۔ جیسا کہ ابوداؤد و ابن ماجہ میں ارشادِ نبوی ہے:

﴿اِنَّ اللّٰہَ وَمَلٰٓئِکَتَہٗ، یُصَلُّوۡنَ عَلٰی مَیَامِنِ الصُّفُوۡفِ﴾

''بے شک اللہ تعالیٰ اور اسکے فرشتے (امام کی) دائیں جانب کی صفوں پر سلامتی بھیجتے ہیں۔''

(ابوداؤد مع العون ۲:۳۲۲، فتح الباری ۲:۲۱۳، نیل الاوطار ۲:۳:۱۸۹)

اور حضرت براء رضی اللہ عنہ سے ابوداؤد و نسائی میں مروی ہے:

﴿کُنَّا اِذَا صَلَّیۡنَا خَلۡفَ النَّبِیِّ ﷺ اَحۡبَبۡنَا اَنۡ نَّکُوۡنَ عَنۡ یَّمِیۡنِہٖ﴾ (حوالہ جاتِ سابقہ)

''ہم جب نبی ﷺ کے ساتھ نماز پڑھتے تو یہ پسند کرتے کہ آپ ﷺ کی دائیں جانب کھڑے ہوں۔''

اور یہ بات معلوم و معروف ہے کہ صف کی دائیں جانب، نبی ﷺ کی پرانی مسجد میں بھی روضۃ الجنۃ سے باہر ہی تھی۔ اس سے اس بات کا بھی پتہ چل گیا کہ صفِ اول اور صفوں کی دائیں جانب کھڑے ہونے کی کوشش کرنا، روضۃ الجنۃ میں کھڑے ہونے کے اہتمام سے بھی اولیٰ ہے اور ان دونوں جگہوں پر فرض نماز ادا کرنے کی پابندی کرنا، روضہ شریفہ میں نمازیں ادا کرنے کی پابندی سے بہتر ہے۔ اور اس موضوع سے متعلقہ احادیث پر غور و فکر کرنے والے شخص کے لئے یہ بات بیّن و واضح ہے۔ اللہ تعالیٰ سمجھنے اور عمل کرنے کی توفیق سے نوازے۔ (آمین)

۱۲۔ درود دیوار اور جالیوں کو چھونا و چومنا: کسی کے لئے جائز نہیں کہ وہ حجرۂ مبارکہ (درود دیوار یا جالیوں) کو چھوئے یا چومے یا حجرۂ شریفہ کا طواف کرے کیونکہ سلف صالحین امت سے ایسی کوئی چیز منقول نہیں ہے۔ بلکہ یہ افعال بدترین بدعات ہیں۔

۱۳۔ **نبی ﷺ سے حاجت روائی کا سوال کرنا** : کسی کے لئے یہ بھی جائز و روا نہیں، کہ وہ نبی اکرم ﷺ سے کسی حاجت روائی، مشکل کشائی اور بیماری سے شفاء وغیرہ کا سوال کرے، کیونکہ ان سب کا سوال صرف اللہ تعالیٰ سے ہی کیا جاسکتا ہے۔ فوت شدگان سے ان باتوں کا سوال یا مطالبہ کرنا غیر اللہ کی عبادت اور اللہ کے ساتھ شرک کرنا ہے۔ جبکہ دینِ اسلام کی بنیاد دو اصولوں پر قائم ہے :

i- اللہ وحدہٗ کے سوا کسی کی عبادت نہ کی جائے۔

ii- کسی ایسے طریقہ سے عبادت نہ کی جائے جو اللہ اور اسکے رسول ﷺ نے تعلیم نہیں فرمایا۔

یہی معنیٰ ہے اس شہادت کا کہ : اللہ کے سوا کوئی معبودِ برحق نہیں اور محمد ﷺ اللہ کے رسول ہیں۔

۱۴۔ **نبی ﷺ سے طلبِ شفاعت ؟** : اسی طرح یہ بھی کسی کے لئے ہرگز جائز نہیں کہ اب وہ نبی ﷺ سے شفاعت و سفارش کا مطالبہ کرے، کیونکہ شفاعت و سفارش اللہ کی ملکیّت ہے، اور اسکا مطالبہ صرف اسی سے کیا جاسکتا ہے، جیسا کہ ارشادِ الٰہی ہے :

﴿ قُلْ لِّلّٰهِ الشَّفَاعَةُ جَمِيْعاً ﴾ (الزمر ۴۴)

''(اے نبی) کہہ دیجئے کہ شفاعت سب اللہ ہی کیلئے ہے۔''

لہذا نبی ﷺ سے شفاعت کا مطالبہ کرنے کی بجائے اسکا مطالبہ اللہ سے کرنا چاہیئے، اور یوں دعائیں کرنا چاہیئے :

﴿ اَللّٰهُمَّ شَفِّعْ فِیْ نَبِیَّکَ ، اَللّٰهُمَّ شَفِّعْ فِیْ مَلَائِکَتِکَ وَ عِبَادَکَ الْمُوْمِنِیْنَ، اَللّٰهُمَّ شَفِّعْ فِیْ اَفْرَاطِیْ ﴾

’’اے اللہ! میرے لئے اپنے نبی کو سفارشی بنا دے، اے اللہ! میرے لئے اپنے فرشتوں کو اور اپنے مومن بندوں کو سفارشی بنا دے، اے اللہ! میرے لئے میرے کسی میں فوت ہونے والے بچوں کو سفارشی بنا دے۔‘‘

اور اسی طرح کی دیگر دعائیں کریں، مگر صرف اللہ سے۔

البتہ فوت شدگان سے کسی چیز کا مطالبہ و سوال نہیں کرنا چاہیئے، نہ شفاعت و سفارش کا، اور نہ ہی کسی دوسری چیز کا۔ وہ فوت شدگان انبیاء ہوں یا غیر انبیاء، کیونکہ اول تو یہ جائز ہی نہیں، دوسرے یہ کہ فوت شدہ لوگوں کے عمل کا سلسلہ منقطع ہو جاتا ہے، سوائے ان اعمال کے، جن کا شارع علیہ السلام نے استثناء فرمایا ہے۔ چنانچہ ان اعمال کے بارے میں صحیح مسلم میں حضرت ابو ہریرہ رضی اللہ عنہ سے مروی ہے کہ نبی ﷺ نے ارشاد فرمایا:

﴿اِذَا مَاتَ ابْنُ آدَمَ اِنْقَطَعَ عَمَلُهُ، اِلَّا مِنْ ثَلَاثٍ: صَدَقَةٍ جَارِيَةٍ، اَوْ عِلْمٍ يُنْتَفَعُ بِهِ، اَوْ وَلَدٍ صَالِحٍ يَدْعُوْلَهُ، ﴾ ( صحیح مسلم )

’’جب انسان فوت ہو جاتا ہے تو اسکے عمل کا سلسلہ منقطع ہو جاتا ہے، سوائے تین چیزوں کے: صدقہ جاریہ، یا نفع بخش علم یا نیک اولاد جو اسکے لئے دعائیں کرے۔‘‘

ہاں: نبی اکرم ﷺ کی زندگی میں آپ ﷺ سے شفاعت و سفارش کا مطالبہ جائز تھا۔ اور قیامت کے دن بھی یہ جائز ہوگا، کیونکہ دنیوی و اخروی زندگی میں یہ چیز آپ ﷺ کی استطاعت میں تھی اور ہوگی۔ قیامت کے دن آپ ﷺ آگے بڑھ کر، اللہ سے، مطالبہ کرنے والوں کی سفارش کر سکیں گے، اور دنیا میں بھی آپ ﷺ کو یہ استطاعت حاصل رہی، جیسا کہ معروف و معلوم بات ہے۔ اور زندگی میں کسی کی شفاعت و سفارش کرنا، کوئی آپ ﷺ کا

خاصہ بھی نہیں ہے بلکہ یہ آپ ﷺ کے لئے اور دوسرے لوگوں کے لئے عام ہے۔ کسی بھی مسلمان کے لئے جائز ہے کہ وہ اپنے کسی مسلمان بھائی سے کہے کہ ''میرے رب کے پاس فلاں فلاں معاملہ میں میری سفارش کردیں''۔

اور یہ شفاعت و سفارش دوسرے معنوں میں یہ کہنا ہے کہ ''میرے لئے اللہ سے دعا کریں'' اور جس سے زندگی میں ایسا مطالبہ کیا جائے، اس کے لئے جائز ہے کہ اللہ سے اسکے لئے دعاء کرے۔ بشرطیکہ اسکی سفارش کسی ایسی چیز کے بارے میں ہو، جسکا طلب کرنا اللہ نے مباح و روا قرار دیا ہوا ہو۔ تاہم قیامت کے دن کوئی کسی کی اسوقت تک سفارش نہ کر سکے گا، جب تک کہ اسے اللہ کی طرف سے اجازت نہ ملے گی، جیسا کہ اللہ تعالیٰ کا ارشاد ہے :

﴿ مَنْ ذَاالَّذِیْ یَشْفَعُ عِنْدَہٗ اِلَّا بِاِذْنِہٖ ﴾ (البقرہ:۲۵۵)

'' کون ہے، جو اسکے پاس سفارش کرے، سوائے اسکی اجازت کے۔''

موت کی حالت ایک خاص حالت ہے۔ اسے کسی بھی حالت میں انسان کی موت سے پہلے کے اسکے حالات سے نہیں ملایا جا سکتا، اور نہ ہی اسے مرنے کے بعد قبروں سے اٹھائے جانے کے بعد والے حالات سے ملایا جا سکتا ہے، کیونکہ موت کے ساتھ ہی مرنے والے کے تمام اعمال منقطع ہو جاتے ہیں، اور مرنے والا اپنے اعمال کا گروی ہو کر رہ جاتا ہے۔ سوائے ان چند شکلوں کے، جن کا استثناء خود شارع علیہ السلام نے کیا ہے۔ اور فوت شدگان سے طلب شفاعت ان امور و اشکال سے نہیں، جن کا شارع علیہ السلام نے استثناء کیا ہے۔ لہذا اس کا ان سے ملانا جائز نہیں ہے۔

۱۵۔ <u>نبی ﷺ کی وفات اور برزخی زندگی</u>: اس میں کوئی شک نہیں کہ نبی ﷺ وفات

پا جانے کے بعد برزخی زندگی میں زندہ ہیں، اور آپ ﷺ کی وہ زندگی شہداء کی برزخی زندگی سے زیادہ بہتر شکل کی ہے۔ لیکن وہ ایسی زندگی بہر حال نہیں ہے، جیسی کہ وفات پانے سے پہلے کی تھی۔ اور نہ ہی وہ برزخی زندگی ایسی ہے۔ جیسی کہ قیامت کے دن ہوگی۔ بلکہ آپ ﷺ کی وہ زندگی ایسی ہے، کہ جسکی حقیقت اور کیفیت کو اللہ کے سوا کوئی نہیں جانتا۔ اس سلسلے میں نبی اکرم ﷺ کا ارشادِ گرامی پہلے بھی گزر ا ہے :

﴿مَا مِنْ اَحَدٍ يُسَلِّمُ عَلَيَّ اِلَّا رَدَّ اللّٰہُ عَلَيَّ رُوْحِيْ حَتّٰى اَرُدَّ عَلَيْهِ السَّلَامَ﴾

(ابوداؤد، بسند حسن)

''کوئی بھی مسلمان جب مجھ پر درود و سلام پڑھتا ہے، تو اللہ تعالیٰ میری روح مجھے واپس لوٹا دیتا ہے تا کہ میں اسکا جواب دے سکوں۔''

یہ حدیث اس بات کی دلیل ہے کہ آپ ﷺ وفات پا چکے ہیں، اور اس میں اس بات کی دلیل بھی ہے کہ آپ ﷺ کی روح مبارک آپ ﷺ کے جسم اطہر سے نکل چکی ہے۔ البتہ سلام کا جواب دینے کے لئے آپ ﷺ کے جسدِ طاہر میں لوٹائی جاتی ہے اور نبی اکرم ﷺ کی وفات پر دلالت کرنے والی قرآن و سنت کی نصوص معلوم و معروف ہیں۔ اور یہ مسئلہ اہل عل کے مابین متفق علیہ ہے۔ اور آپ ﷺ کا وفات پا جانا اس امر میں مانع نہیں کہ آپ ﷺ برزخی زندگی میں زندہ ہیں، جس طرح کہ شہداء کی موت اس امر میں مانع نہیں ہوتی کہ وہ بھی برزخی زندگی میں زندہ ہیں۔ جیسا کہ ارشادِ الٰہی میں مذکور ہے :

﴿وَلَا تَحْسَبَنَّ الَّذِيْنَ قُتِلُوْا فِيْ سَبِيْلِ اللّٰہِ اَمْوَاتاً، بَلْ اَحْيَاءٌ عِنْدَ رَبِّهِمْ يُرْزَقُوْنَ﴾

(آل عمران : ۱۴۹)

’’ جو لوگ اللہ کی راہ میں قتل (شہید) ہوئے ہیں انہیں مردہ مت سمجھو بلکہ وہ زندہ ہیں اور اپنے رب کے پاس رزق دیئے جا رہے ہیں۔‘‘

ہم نے نبی ﷺ سے شفاعت طلب کرنے، آپ ﷺ کے اس دنیا سے وفات پا کر رخصت ہو جانے، اور آپ ﷺ کی حیاتِ برزخیہ کے موضوع پر قدرے تفصیل سے روشنی ڈال دی ہے۔ کیونکہ اسکی ضرورت یوں محسوس ہوئی کہ بعض لوگ ان مسائل میں بلاوجہ تشکیک اور شبہ اندازی کرتے ہیں اور پھر شرک کی طرف دعوت دیتے اور اللہ کے سوافوت شدگان (مُردوں) کی عبادت پر لوگوں کو اکساتے پھرتے ہیں۔ ہم اللہ تعالیٰ سے دعاء کرتے ہیں کہ وہ ہمیں اور تمام مسلمانوں کو مخالفِ شرع امور سے محفوظ رکھے۔ اور اللہ ہی سب سے زیادہ علم والا ہے۔

**۱٦۔ قبرِ رسول ﷺ کے پاس آواز کو پست رکھنا :** بعض لوگ نبی ﷺ کو قبرِ شریف کے پاس اپنی آوازوں کو بلند کرتے اور وہاں طویل عرصہ کے لئے کھڑے رہتے ہیں۔ یہ فعل بھی خلافِ شرع ہے کیونکہ اللہ تعالیٰ نے افرادِ امتِ محمدیہ کو نبی ﷺ کی آواز سے اپنی آوازوں کو بلند کرنے سے منع فرمایا ہے اور آپ ﷺ کو بھی اسی طرح بلند آواز سے پکارنے سے منع فرمایا ہے، جس طرح کہ وہ آپس میں ایک دوسرے کو بلند آوازوں سے پکارتے ہیں اور انھیں بھی آپ ﷺ کے پاس اپنی آوازوں کو پست رکھنے کی ترغیب دلائی ہے۔ جیسا کہ ارشادِ الٰہی ہے :

﴿یٰۤاَیُّهَا الَّذِیْنَ اٰمَنُوْا لَا تُقَدِّمُوْا بَیْنَ یَدَیِ اللّٰهِ وَرَسُوْلِهٖ ۫ وَاتَّقُوا اللّٰهَ ؕ اِنَّ اللّٰهَ سَمِیْعٌ عَلِیْمٌ ۰ یٰۤاَیُّهَا الَّذِیْنَ اٰمَنُوْا لَا تَرْفَعُوْۤا اَصْوَاتَكُمْ فَوْقَ صَوْتِ النَّبِیِّ وَلَا تَجْهَرُوْا لَهٗ بِالْقَوْلِ كَجَهْرِ بَعْضِكُمْ لِبَعْضٍ اَنْ تَحْبَطَ اَعْمَالُكُمْ وَاَنْتُمْ لَا تَشْعُرُوْنَ ۰ اِنَّ الَّذِیْنَ یَغُضُّوْنَ اَصْوَاتَهُمْ عِنْدَ رَسُوْلِ اللّٰهِ اُولٰٓئِكَ الَّذِیْنَ امْتَحَنَ اللّٰهُ قُلُوْبَهُمْ

لِلتَّقْوٰى، لَهُمْ مَغْفِرَةٌ وَّأَجْرٌ عَظِيْمٌ ۞ (الحجرات:۱ـ۳)

''اے ایمان والو! نبی (ﷺ) کی آواز سے اپنی آوازوں کو بلند مت کرو،اور نہ ہی آپ (ﷺ) کو اس طرح بلند آواز سے پکارو، جس طرح کہ تم آپس میں ایک دوسرے کو پکارتے ہو، کہیں ایسا نہ ہو کہ یوں کرنے سے تمہارے سارے اعمال برباد ہو جائیں، اور تمہیں اسکا پتہ ہی نہ چلے۔ جو لوگ اللہ کے رسول (ﷺ) کے پاس اپنی آوازیں پست رکھتے ہیں، یہی وہ لوگ ہیں، جن کے دلوں کا اللہ نے تقوٰی کے لئے امتحان لے لیا ہے۔ان کے لئے مغفرت و بخشش اور اجر عظیم ہے۔''

نبی ﷺ کی قبر شریف کے پاس دیر تک کھڑے رہنا اور بار بار درود و سلام کے لئے آنا از دہام و بھیڑ، شور و غوغا اور آوازوں کو بلند کرنے کا سبب بنتا ہے اور یہ قرآن کریم کی مذکورہ محکم آیات کی رو سے مسلمانوں کے لئے شرعاً منع ہے۔ کیونکہ نبی اکرم ﷺ کی ذاتِ گرامی زندہ ہوتے ہوئے بھی اور وفوت ہو جانے کے بعد بھی انتہائی قابلِ احترام و اکرام ہے۔لہذا اسی مومن کے لئے یہ روا نہیں کہ وہ آپ ﷺ کی قبر شریف کے پاس آدابِ شرعیہ کی خلاف ورزی کرے۔

**۱۷۔ قبر شریف کی طرف منہ کرکے دعاء کرنا :** بعض لوگ نبی ﷺ کی قبر شریف کے پاس کھڑے ہو کر اور قبر شریف کی طرف منہ کرکے دونوں ہاتھ اٹھا کر دعاء کرنے کی کوشش کرتے ہیں ۔ یہ سب بھی نبی اکرم ﷺ کے صحابہ کرام اور پورے خلوص کے ساتھ انکی پیروی کرنے والے تابعین و سلف صالحین امت کے طریقہ کے خلاف اور سراسر نئی ایجاد کردہ بدعات میں سے ہے ۔ جبکہ نبی اکرم ﷺ کا ارشاد ہے :

﴿ عَلَيْكُمْ بِسُنَّتِيْ وَسُنَّةِ الْخُلَفَاءِ الرَّاشِدِيْنَ الْمَهْدِيِّيْنَ مِنْ بَعْدِيْ، تَمَسَّكُوْا بِهَا

وَعَضُّوْا عَلَيْهَا بِالنَّوَاجِذِ وَاِيَّاكُمْ وَمُحْدَثَاتِ الْأُمُوْرِ ، فَاِنَّ كُلَّ مُحْدَثَةٍ بِدْعَةٌ وَكُلَّ بِدْعَةٍ ضَلَالَةٌ ﴾ ( ابوداود ونسائی ۔ باسنادِ حسن )

''تم پر میری سنت اور میرے بعد میرے رشد و ہدایت یافتہ خلفاء کا طریقہ لازم ہے، اسے مضبوطی سے تھامے رہو، اور اپنے دانتوں میں دبائے رکھو، اور خبردار! نئے ایجاد شدہ امور سے بچنا، کیونکہ ہر نیا ایجاد شدہ کام بدعت ہے اور ہر بدعت گمراہی ہے۔''

ایسے ہی آپ ﷺ کا ارشادِ گرامی ہے :

﴿ مَنْ اَحْدَثَ فِیْ اَمْرِنَا هَذَا مَا لَیْسَ مِنْهُ فَهُوَرَدٌّ ﴾ ( بخاری و مسلم )

''جس نے ہمارے اس دین میں کوئی نئی چیز ایجاد کی، جس کا ہم نے حکم نہیں دیا، وہ مردود ہے۔''

جبکہ صحیح مسلم کی ایک روایت میں ارشادِ رسالت آپ ﷺ کے یہ الفاظ بھی ہیں :

﴿ مَنْ عَمِلَ عَمَلًا لَیْسَ عَلَیْهِ اَمْرُنَا فَهُوَرَدٌّ ﴾

''جس نے کوئی ایسا کام کیا، جس کا ہم نے حکم نہیں دیا، اس کا وہ کام مردود و ناقبول ہے۔''

حضرت زین العابدین بن علی بن حسین رضی اللہ عنہما نے ایک آدمی کو نبی ﷺ کی قبرِ شریف کے پاس کھڑے ہو کر دعا کرتے دیکھا، تو اسے ایسا کرنے سے منع کیا، اور فرمایا کہ میں تمہیں وہ حدیث نہ بتاؤں، جو میں نے اپنے والد حسین اور دادا علی عنہما کے واسطے سے نبی اکرم ﷺ سے سنی ہے۔ آپ ﷺ کا ارشاد ہے :

﴿ لَا تَتَّخِذُوْا قَبْرِیْ عِیْداً وَّلَا بُیُوْتَكُمْ قُبُوْراً، وَصَلُّوْا عَلَیَّ فَاِنَّ تَسْلِیْمَكُمْ یَبْلُغُنِیْ اَیْنَمَا كُنْتُمْ ﴾ ( الاحادیث المختارۃ للضیاء المقدسی )

'' میری قبر کو میلہ و عیدگاہ نہ بنا دینا، اور نہ ہی اپنے گھروں کو قبرستان بنا لینا، مجھ پر درود بھیجو، تم

جہاں بھی ہوگے، تمہارا اسلام مجھے پہنچ جائے گا۔"

**۱۸۔ ہاتھ باندھ کر سلام کرنا :** بعض زائرین نبی اکرم ﷺ پر درود و سلام پڑھتے وقت دونوں ہاتھوں کو سینے پر یا سینے سے نیچے باندھ لیتے ہیں، جیسا کہ نمازی بوقتِ قیام دونوں ہاتھ باندھتا ہے۔ یہ اندازِ نہ نبی اکرم ﷺ کو سلام کہتے وقت جائز ہے اور نہ ہی یہ عام بادشاہوں، حکّام و امراء اور قائدین وغیرہ کو سلام کہتے وقت روا ہے۔ کیونکہ یہ اندازِ عاجزی و انکساری، خشوع و خضوع اور عبادت کا انداز ہے۔ یہ اللہ کے سوا کسی کے لئے اختیار کرنا جائز نہیں ہے، جیسا کہ حافظ ابن حجر عسقلانی رحمہ اللہ نے فتح الباری شرح صحیح بخاری میں علماءِ امت سے نقل کیا ہے۔ اور معمولی سا غور و فکر کرنے والے کے لئے بھی یہ امر بڑا روشن و واضح ہے۔ کیونکہ انکا ہدف تو صرف سلف صالحین امت کے طریقہ کی پیروی ہے۔

اب رہا معاملہ ان لوگوں کا، جن پر مذہبی و مسلکی تعصّب، اتباعِ ہواوہوَس اور اندھی تقلید غالب آ چکی ہے، اور وہ سلف صالحین کے طریقہ کو اپنانے کی دعوت دینے والوں کے بارے میں بدظنی میں مبتلا ہیں، ان کا معاملہ اللہ کے سپرد کرتے ہیں کہ ان سے وہی سمجھے اور اللہ تعالی سے دعا کرتے ہیں کہ وہ ہمیں اور انھیں راہِ ہدایت عطا فرمائے، اور اس بات کی توفیق سے نوازے کہ ہم سب حق کو ہر دوسری چیز پر ترجیح دیں اور وہی بہترین ذاتِ والہ صفات ایسی ہے کہ جس سے ہر مطالبہ اور ہر سوال کیا جا سکتا ہے۔

**۱۹۔ <u>استقبالِ قبر شریف</u> :** کچھ لوگ دور کھڑے ہی نبی اکرم ﷺ کی قبر شریف کی طرف رخ (استقبالِ قبر شریف) کر لیتے ہیں، اور صلاۃ و سلام پڑھنے اور دعا کرنے کے لئے ہونٹ ہلانے لگتے ہیں۔ یہ بھی پہلے ذکر کردہ امور کی طرح ہی نئی ایجاد و بدعت ہے۔ اور کسی مسلمان

کے لئے یہ جائز نہیں کہ وہ اپنے دین میں کوئی نئی چیز یا فعل ایجاد کرے جسکا کہ اللہ تعالیٰ نے حکم نہیں فرمایا، اور نہ ہی اذن و اجازت بخشی ہے۔ ایسا کرنے سے وہ شخص اللہ و رسول ﷺ سے محبت اور صدق و صفاء کی بجائے جور و جفا کا ارتکاب کرنے والوں کے زیادہ قریب ہوگا۔

امام مالک رحمہ اللہ نے اس فعل اور ایسے ہی دیگر افعال پر نکیر کی ہے اور فرمایا ہے:

((لَنْ يُّصْلِحَ آخِرَ هَذِهِ الْأُمَّةِ اِلَّا مَا اَصْلَحَ اَوَّلَهَا)) ''اس امت کے آخری حصہ کی اصلاح بھی اس چیز میں ہے۔ جس میں اسکے پہلے حصہ کی اصلاح تھی۔''

یہ بات معروف و معلوم ہے کہ اس امت کے پہلے حصہ کی جس چیز نے اصلاح کی تھی، وہ نبی اکرم ﷺ اور خلفاء راشدین رضی اللہ عنہم کی سنت پر عمل تھا، یا آپ ﷺ کے محبوب صحابہ اور خلوص و وفاء کے ساتھ انکی پیروی کرنے والے لوگوں کے منہج پر چلنا تھا۔ اور اس امت کے آخری حصے کی اصلاح بھی صرف انہی کے ساتھ تمسک رکھنے اور انہی کے نہج و طریقہ پر چلنے میں ہے۔ اللہ تعالیٰ تمام مسلمانوں کو ان سب اعمال کے بجالانے کی توفیق عطا فرمائے جن میں انکی نجات و سعادت اور دنیا و آخرت کی عزت ہے۔ وہ بڑا سخی اور کرم کرنے والا ہے۔

# ایک اہم تنبیہ

<u>زیارتِ قبر شریف کی شرعی حیثیت</u> : نبی اکرم ﷺ کی قبر شریف کی زیارت کرنا نہ واجباتِ حج میں سے ہے اور نہ ہی قبولیتِ حج کی شرائط میں سے، جیسا کہ بعض لوگ گمان کرتے اور باور کرواتے پھرتے ہیں۔ بلکہ جو شخص مسجدِ نبوی کی زیارت کے لئے آئے، یا قریب ہی کا رہنے والا ہو، اسکے لئے یہ زیارت قبر شریف مستحب ہے۔

**زیارت کے لئے شدِّ رحال :** البتہ وہ شخص جو مدینہ منورہ سے دور رہنے والا ہے، اسکے لئے جائز نہیں کہ وہ محض قبر شریف کی زیارت کی نیت سے ارادہ لے کر سفر پر روانہ ہو۔ زائرین میں سے کوئی شخص جب مسجدِ نبوی میں پہنچ جائے تو آپ ﷺ کی قبر شریف اور آپ ﷺ کے دونوں خلفاء (رضی اللہ عنہما) کی قبروں کی بھی زیارت کرلے۔ اس طرح نبی ﷺ کی قبر شریف اور آپ ﷺ کے دونوں خلفاء (حضرت ابوبکر و عمر رضی اللہ عنہما) کی قبروں کی زیارت، مسجد نبوی کی زیارت کے تابع ہو جائے گی۔ اور یہ اس لئے ضروری ہے، کیونکہ صحیحین میں نبی اکرم ﷺ کا ارشاد گرامی ہے :

﴿ لَا تُشَدُّ الرِّحَالُ اِلَّا اِلٰی ثَلَاثَةِ مَسَاجِدٍ، اَلْمَسْجِدِ الْحَرَامِ وَمَسْجِدِی هٰذَا وَالْمَسْجِدِ الْاَقْصٰی ﴾ ( صحیح بخاری و مسلم )

"تین مساجد کے سوا رختِ سفر باندھنا جائز نہیں ہے، مسجد حرام، میری یہ مسجد اور مسجدِ اقصٰی۔"

اگر آپ ﷺ کی قبر شریف یا کسی دوسرے کی قبر کی طرف (ثواب کی نیت سے) رختِ سفر باندھنا جائز ہوتا، تو آپ ﷺ اپنی امت کو بتا جاتے اور اسکی فضیلت بیان کر جاتے۔ کیونکہ آپ ﷺ لوگوں کے سب سے زیادہ خیر خواہ، اللہ کو سب سے زیادہ جاننے والے اور سب سے زیادہ اللہ سے ڈرنے والے تھے۔ آپ ﷺ نے تبلیغ رسالت اور دعوت دین میں کوئی کسر نہیں چھوڑی۔ آپ ﷺ نے ہر بھلائی کی خبر اپنی امت کو دی، اور ہر برائی و شرّ سے خبردار کر دیا۔ حتی کہ آپ ﷺ نے تین مساجد کے علاوہ کسی جگہ کی طرف (بہ نیتِ ثواب) سفر اختیار کرنے سے بھی امت کو منع فرما دیا ہوا ہے۔ اور فرمایا ہے :

﴿ لَاتَتَّخِذُوا قَبْرِی عِیْداً وَّلَابُیُوتَکُمْ قُبُوْراً، وَصَلُّوْا عَلَیَّ، فَاِنَّ صَلٰوتَکُمْ تَبْلُغُنِی

حَيْثُ كُنْتُمْ ﴾ (الاحاديث المختارة للضياء القدسي)

'' میری قبر کو میلہ گاہ نہ بناؤ اور اپنے گھروں کو قبریں نہ بنالو۔ مجھ پر درود و سلام پڑھو، تمہارا درود مجھ تک پہنچ جائے گا، تم چاہے جہاں بھی ہو۔''

نبی اکرم ﷺ کی قبرِ شریف کی طرف رختِ سفر باندھ کر نکلنے (شدِّ رحال) کو مشروع ماننے کی صورت میں چونکہ نبی ﷺ کی قبرِ شریف کو میلہ و عیدگاہ بنانا اور اس فعل میں واقع ہونا لازم آتا ہے، جو کہ ممنوع اور ان افعال میں سے ہے، جن کے واقع ہونے سے نبی ﷺ ڈرتے تھے۔ جیسے آپ ﷺ کی ذات کے بارے میں غلو کرنا، اور آپ ﷺ کو آپ ﷺ کے مقام سے بڑھا چڑھا دینا وغیرہ بھی ہیں، جیسا کہ واقعی آج کل بکثرت لوگ ان ممنوع افعال کے ارتکاب میں مبتلا ہیں۔ اور اس کا سبب صرف یہ ہے کہ وہ اس غلط عقیدہ کا شکار ہو چکے ہیں کہ نبی ﷺ کی قبرِ شریف کی زیارت کی نیت سے سفر اختیار کرنا مشروع ہے۔

**ضعیف روایات :** وہ روایات جو اس کی مشروعیّت کے دلائل کے طور پر بیان کی جاتی ہیں، وہ ساری کی ساری ضعیف الاسناد بلکہ موضوع و من گھڑت ہیں۔ جیسا کہ ان کے ضعف و کمزوری کی پر کبار محدّثین اکرام مثلاً امام دارقطنی و بیہقی اور حافظ ابن حجر رحمہم اللہ نے متنبہ کیا ہے۔ لہٰذا یہ ہر گز جائز نہیں کہ ان ضعیف و موضوع اور من گھڑت روایات کو ان صحیح احادیث سے متعارض بنایا جائے، جن میں تین مساجد کے سوا کسی طرف رختِ سفر باندھنے کے ناجائز و حرام ہونے کے دلائل موجود ہیں۔

قارئین کرام: ان ضعیف و موضوع اور من گھڑت احادیث و روایات میں سے چند روایات آپ کی خدمت میں پیش کر رہے ہیں، تا کہ آپ کو ان کا پتہ چل جائے اور ان سے دھوکا کھانے

سے بچ سکیں ۔

i۔ مَنْ حَجَّ وَلَمْ يَزُرْنِيْ فَقَدْ جَفَانِيْ

جس نے حج کیا اور میری زیارت نہ کی اس نے مجھ پر ظلم (جور و جفا) کیا۔

ii۔ مَنْ زَارَنِيْ بَعْدَ مَمَاتِيْ فَكَاَنَّمَا زَارَنِيْ فِيْ حَيَاتِيْ.

جس نے میری وفات کے بعد میری زیارت کی، اس نے گویا میری زندگی میں میری زیارت کی۔

iii۔ مَنْ زَارَنِيْ وَزَارَ اَبِيْ اِبْرَاهِيْمَ فِيْ عَامٍ وَاحِدٍ، ضَمَنْتُ لَهٗ عَلَى اللهِ الْجَنَّةَ

جس نے میری اور میرے باپ حضرت ابراہیم خلیل علیہ السلام کی ایک ہی سال میں زیارت کی، میں اسے اللہ سے جنت کے حصول کی ضمانت دیتا ہوں۔

iv۔ مَنْ زَارَ قَبْرِيْ وَجَبَتْ لَهٗ، شَفَاعَتِيْ

جس نے میری قبر کی زیارت کی اسکے لئے میری شفاعت واجب ہوگئی۔

یہ اور ایسی یہ دیگر روایات میں سے کوئی ایک بھی، نبی اکرم ﷺ سے صحیح سند کے ساتھ ہرگز ثابت نہیں ہے ۔

**چند محققین و محدّثین کی آرا و اقوال :** حافظ ابن حجر عسقلانی رحمہ اللہ نے اپنی کتاب ''التخلیص الحبیر'' میں اکثر ایسی ہی روایات کو ذکر کرنے کے بعد لکھا ہے :

طُرُقُ هٰذَا الْحَدِيْثِ كُلِّهَا ضَعِيْفَةٌ.

اس حدیث کے تمام طرق و اسناد ضعیف و کمزور ہیں ۔

جبکہ حافظ عقیلی نے کہا ہے ۔

لَا يَصِحُّ فِيْ هٰذَا الْبَابِ شَئٌ.

اس موضوع کی کوئی بھی حدیث صحیح نہیں ہے ۔

اور شیخ الاسلام امام ابن تیمیہ رحمہ اللہ نے اس یقین کا اظہار کیا ہے کہ اس سلسلہ کی تمام روایات موضوع و من گھڑت ہیں ۔ حصولِ علم، یاد داشت اور اطلاع کے لئے اتنا ہی کافی ہے ۔

**لمحۂ فکریہ** : اِن مشارالیہ روایات میں سے اگر کچھ بھی ثابت ہوتا، تو صحابہ کرام رضی اللہ عنہم اس پر عمل کرنے میں سب سے پیش پیش ہوتے ، اور وہ لوگوں کو اسکی اطلاع دیتے ، اور انھیں اس پر عمل کرنے کی دعوت دینے میں گویا سبقت لے گئے ہوتے ۔ کیونکہ انبیاء کرام علیہم السلام کے بعد سب سے بہترین لوگ، حدودِ اللہ کو سب سے زیادہ جاننے والے، اللہ نے بندوں کے لے کیا مشروع شروع فرمایا ہے؟ اسکو سب سے زیادہ سمجھنے والے اور اللہ تعالیٰ اور اسکی مخلوق کے سب سے زیادہ خیر خواہ صحابہ کرام رضی اللہ عنہم ہی تھے ۔ جب ان سے اس سلسلہ میں کچھ بھی منقول نہیں ہے، تو یہ اس بات کی روشن دلیل ہے کہ یہ (قبرِ رسول ﷺ کیلئے سفر و شدِّ رحال) جائز و مشروع نہیں ہے ۔ اور اگر ایسی روایات میں سے کوئی چیز ثابت بھی ہو، تو اسے اس جائز و شرعی زیارت پر محمول کرنا واجب ہے ، جس میں صرف قبرِ شریف کی زیارت کے لئے رختِ سفر باندھنا نہیں آتا، تا کہ ہر دو طرح کی احادیث و روایات میں جمع و تطبیق اور مطابقت و موافقت ہو جائے ۔

اور سب سے زیادہ علم والا تو اللہ سبحانہٗ و تعالیٰ ہی ہے ۔

# زیارتِ مسجدِ قباء اور اسکے آداب

زائرینِ مدینہ منورہ کے لئے یہ مستحب ہے کہ وہ مسجدِ قباء کی زیارت کریں اور اسمیں نماز پڑھیں ۔ کیونکہ صحیح بخاری و مسلم میں حضرت ابن عمر رضی اللہ عنہما سے مروی ہے:

﴿كَانَ النَّبِيُّ ﷺ يَزُوْرُ مَسْجِدَ قُبَاءَ رَاكِباً وَمَاشِياً، وَيُصَلِّيْ فِيْهِ رَكْعَتَيْنِ﴾
(صحیح بخاری و مسلم)

''نبی اکرم ﷺ سوار ہو کر یا پیدل جا کر مسجدِ قباء کی زیارت فرمایا کرتے تھے،اور اس میں دو رکعتیں پڑھا کرتے تھے۔''

جبکہ حضرت سہل بن حنیف رضی اللہ عنہ سے مروی ہے کہ نبی اکرم ﷺ نے فرمایا:

﴿مَنْ تَطَهَّرَ فِيْ بَيْتِهِ ثُمَّ اَتٰى مَسْجِدَ قُبَاءَ، فَصَلّٰى فِيْهِ صَلٰوةً كَانَ لَهُ كَاَجْرِ عُمْرَةٍ﴾ (نسائی،ابن ماجہ،مسند احمد،اس حدیث کے شواہد بھی ہیں جنکی بناء پر یہ صحیح ہے،ان شواہد، حج و عمرہ، زیارت اور قربانی کے مسائل کی تحقیق و تفصیل کیلئے دیکھئے کتاب ''سوئے حرم'' تالیف محمد منیر قمر)۔

''جو شخص گھر سے وضوء کر کے آئے اور مسجدِ قباء میں (دو رکعتیں) نماز پڑھے،اسے ایک مرتبہ عمرہ کرنے کا ثواب ملتا ہے۔''

# قبورِ بقیع ،قبورِ شہداء اور قبرِ حضرت حمزہ رضی اللہ عنہم کی زیارت

زائرینِ مدینہ منورہ کے لئے مسنون ہے کہ وہ قبرستانِ مدینہ منورہ بقیع الغرقد،قبورِ شہداء کرام اور قبرِ سید الشہداء حضرت امیر حمزہ رضی اللہ عنہم کی زیارت کر لیں، کیونکہ نبی اکرم ﷺ انکی قبور کی زیارت کیا کرتے تھے اور انکے لئے دعا فرمایا کرتے تھے اور آپ ﷺ کا ارشاد ہے :

﴿زُوْرُوا الْقُبُوْرَ فَاِنَّهَا تُذَكِّرُكُمُ الْآخِرَةَ﴾ (صحیح مسلم)

''قبروں کی زیارت کر لیا کرو، یہ تمہیں آخرت کی یاد دلاتی ہیں۔''

**دعاءِ زیارتِ قبور** : نبی اکرم ﷺ اپنے صحابہ کو یہ تعلیم فرمایا کرتے تھے کہ جب قبرستان کی زیارت کرو، تو یہ دعاء کیا کرو:

﴿اَلسَّلَامُ عَلَيْكُمْ اَهْلَ الدِّيَارِ مِنَ الْمُؤْمِنِيْنَ وَالْمُسْلِمِيْنَ، وَاِنَّا اِنْشَآءَ اللّٰه بِكُمْ لَاحِقُوْنَ، نَسْأَلُ اللّٰه لَنَا وَلَكُمُ الْعَافِيَةَ﴾ ( صحیح مسلم، عن سلیمان بن بریدہ عن ابیہ )

"اے شہر خاموشاں کے مکین مومنو اور مسلمانو! تم پر سلامتی ہو اور جب اللہ نے چاہا، ہم بھی تمہارے پاس پہنچنے والے ہیں۔ ہم اللہ سے اپنے لئے اور تمہارے لئے عافیت و خیریت کی دعاء کرتے ہیں۔"

جبکہ سنن ترمذی میں حضرت ابن عباس رضی اللہ عنہما سے مروی ہے کہ نبی اکرم ﷺ مدینہ منورہ کے قبرستان کے پاس سے گزرے، تو قبروں کی طرف رخ مبارک کر کے آپ ﷺ نے یہ دعاء فرمائی:

﴿اَلسَّلَامُ عَلَيْكُمْ يَااَهْلَ الْقُبُوْرِ، يَغْفِرُ اللّٰه لَنَا وَلَكُمْ، اَنْتُمْ سَلَفُنَا وَنَحْنُ بِالْاَثَرِ﴾
( سنن ترمذی، عن ابن عباس رضی اللہ عنہما )

"اے ان قبروں والو! تم پر سلامتی ہو، اللہ تعالی ہماری تمہاری مغفرت فرمائے، تم ہم سے پہلے گزر گئے ہو اور ہم بھی تمہارے پیچھے ہی آنے والے ہیں۔"

**شرعی زیارتِ قبور اور اسکے شرعی مقاصد** : اِن مذکورہ احادیث سے معلوم ہوا کہ قبروں کی شرعی زیارت کے مقاصد میں سے ایک تو یہ ہے کہ اُنھیں دیکھ کر ذکرِ موت اور فکرِ آخرت حاصل ہو، دوسرے ان مقابر میں مدفون فوت شدگان پر یہ احسان کیا جائے کہ ان کے لئے مغفرت و عافیت اور رحمت و جنت کی دعائیں کی جائیں۔

**زیارتِ بدعیہ و شرکیہ :** لیکن اگر ان مقاصد کی بجائے قبروں کی زیارت اس نیت سے کی جائے کہ ان کے پاس کھڑے ہوکر انھیں پکاریں گے، ان قبروں کے پاس بیٹھیں گے، ان قبروں والوں سے قضاءِ حاجت کی التجاء کریں گے، بیماروں کیلئے اہلِ قبور سے شفاء طلب کریں گے، یا ان کی طفیل یا ان کے مقام و مرتبہ اور جاہ و منزلت کے واسطے یا وسیلے سے اللہ سے مانگیں گے، تو ان مقاصد کیلئے کی گئی زیارت، زیارتِ بدعیہ اور انتہائی ناجائز و منکر فعل ہے، جسے نہ اللہ تعالی نے جائز قرار دیا ہے، نہ اسکے رسول ﷺ نے اسکی اجازت دی ہے۔ اور نہ سلف صالحینِ امت رضی اللہ عنھم ان مقاصد کے لئے قبروں کی زیارت کیا کرتے تھے۔ بلکہ یہ تو وہ ناجائز باتیں ہیں، جن سے نبی ﷺ نے منع فرمایا ہے۔ چنانچہ آپ ﷺ کا ارشادِ گرامی ہے:

﴿ زُوْرُوا الْقُبُوْرَ وَلَا تَقُوْلُوا هُجْراً ﴾ (موطا مالک، مسند احمد، سنن نسائی)

" قبروں کی زیارت کرو، مگر حرام و ناجائز باتیں نہ کیا کرو۔"

**مقاصدِ بدعیہ :** اوپر ذکر کئے گئے جملہ امور میں سے کوئی ایک بھی ایسا نہیں ہے، جو بدعات کے دائرے سے نہ نکلتا ہو، لیکن ان کی قباحت کے درجے مختلف ہیں۔ ان میں سے بعض افعال بدعت تو ہیں لیکن شرک نہیں ہیں، جیسے قبروں کے پاس کھڑے ہوکر اللہ تعالی کو پکارنا، اُس قبر والے کے حق اور جاہ و منزلت کے واسطے یا وسیلے سے اللہ تعالی سے کسی چیز کی طلب و سوال کرنا اور ایسے ہی بعض دیگر امور بھی ہیں۔

**مقاصدِ شرکیہ :** مذکورۃ الصدر افعال میں سے بعض تو صرف شرک ہی نہیں بلکہ شرکِ اکبر ہیں، جیسے قبر میں مدفون فوت شدہ شخص کو پکارنا، اس سے حاجت روائی و مشکل کشائی کا سوال و مطالبہ کرنا وغیرہ کہ جن کا سابقہ سطور میں قدرے تفصیل سے ذکر گزر گیا ہے۔

لہذا ان سب افعال کے بارے میں احتیاط کریں اور ان سے بچتے رہیں، اور اپنے پروردگار سے توفیقِ خیر، جادۂ حق اور راہِ ہدایت کی دعائیں کرتے رہا کریں، کیونکہ خیر کی توفیق دینے اور سیدھی راہ کی ہدایت دینے والا صرف اللہ سبحانہٗ وتعالیٰ ہی ہے، نہ اسکے سوا کوئی معبودِ برحق ہے اور نہ ہی اس کے سوا کوئی پروردگار ہے۔

اس موضوع کے بارے میں ہم جو باتیں املاء کروانا چاہتے تھے وہ یہاں پر ختم ہوئیں۔

وَالْحَمْدُ لِلّٰهِ اَوَّلاً وَّ آخِراً

وَ صَلَّى اللّٰهُ وَسَلَّمَ عَلٰى عَبْدِهٖ وَرَسُوْلِهٖ وَخِيْرَتِهٖ مِنْ خَلْقِهٖ مُحَمَّدٍ

وَّعَلٰى آلِهٖ وَاَصْحَابِهٖ وَمَنْ تَبِعَهُمْ بِاِحْسَانٍ اِلٰى يَوْمِ الدِّيْنِ

☆ ☆ ☆ ☆ ☆ ☆ ☆

**تالیف:** سماحۃ الشیخ العلامہ عبدالعزیز بن عبداللہ بن باز رحمہٗ اللہ

سابق رئیس ہیئۃ کبار العلماء و مفتیِ اعظم (سعودی عرب)

**ترجمہ:** ابو عدنان محمد منیر قمر

ترجمان سپریم کورٹ الخبر

وداعیہ متعاون مراکز الدعوۃ والارشاد

(الدمام ۔ الخبر ۔ الظھران)